La Toison d'or

Nathaniel Hawthorne naquit dans le Massachusetts en 1804. Il reçut une éducation puritaine qu'il ne renia jamais et qui marqua beaucoup son œuvre. Sa conception pessimiste de la nature humaine commande la psychologie de tous ses romans. Quant à ses personnages, ils vivent de tragiques et douloureux dilemmes.
Se défiant des hommes, Hawthorne se plaisait dans la solitude. Et c'est en pleine campagne, dans l'isolement de maisons paysannes, qu'il aimait à écrire. Il composa ainsi les deux livres qui le placèrent au premier rang des romanciers américains: *La Lettre écarlate* et *La maison aux sept pignons.*
Le recueil des *Contes du Bois Touffu* (titre original: Tanglewood Tales), paru en 1853, contient l'adaptation de cinq récits de la mythologie grecque. *La Toison d'or* est l'un d'entre eux. Le livre connut un immense succès auprès du public anglo-saxon car il est captivant et fort bien écrit. Nathaniel Hawthorne voulait rendre l'imagination enfantine sensible aux légendes antiques. Ses propres enfants furent ses premiers lecteurs. L'écrivain reconnait avoir eu pour but de *substituer un ton gothique ou romantique à la froideur classique.*
Hawthorne mourut à Plymouth (New Hampshire) en 1864.

Régis Loisel, né en 1951 à Saint-Maixent, autodidacte, dessinateur dans l'âme et rêveur incorrigible, commence à faire de la BD très jeune. En 1972, il monte à Paris et ne se livre plus qu'à son sport favori: le dessin. Autant humoriste que réaliste, créatif mais paresseux, il collabore à différentes revues et illustre des livres pour enfants. Il a illustré pour l'école des loisirs: *Lawrence d'Arabie* de Jean-François Bory; *La retraite de Russie* de Jean-Baptiste de Marbot et *Le Minotaure* de Nathaniel Hawthorne.

ISBN 978-2-211-05614-4

Loi n° 49.956 du 16 juillet 1949 sur les publications destinées à la jeunesse : mars 1979
Dépôt légal : mai 2009
Imprimé en France par CPI-Hérissey à Évreux (Eure)
N° d'impression : 111584
CPI

Nathaniel Hawthorne

La Toison d'or

Conte de la mythologie grecque

Lexique de Catherine Chaine
Texte intégral
illustré par Régis Loisel

Vous trouverez l'explication des noms,
composés en *italique,* dans le lexique.

Classiques
l'école des loisirs
11, rue de Sèvres, Paris 6e

La Toison d'or

Jason, fils du roi de *Iolchos,* chassé de son trône par un usurpateur, fut, en bas âge, placé sous la direction du maître le plus étrange dont vous ayez jamais entendu parler.

Le savant en question appartenait à une race d'hommes ou plutôt de quadrupèdes appelés centaures. Il vivait dans une caverne. Il avait le corps et les jambes d'un cheval blanc, la tête et les épaules d'un homme. On le nommait *Chiron*; et, malgré sa nature bizarre, il passait avec raison pour un excellent instituteur de la jeunesse. Plusieurs de ses disciples, plus tard célèbres dans le monde, témoignèrent de sa science profonde et de ses mérites: pour ne citer que quelques noms, *Héraclès, Achille, Philoctète; Asclépios,* qui acquit une immense célébrité comme médecin. L'habile Chiron enseignait à jouer de la harpe, à guérir les maladies, à manier un glaive ou un bouclier, et développait l'intelligence de ses élèves dans les différentes branches d'études en faveur à cette époque, l'écriture et l'arithmétique exceptées.

J'ai parfois soupçonné que maître Chiron n'était pas réellement d'une nature autre que celle de tout le monde, mais que probablement, d'un caractère simple et affectueux, d'une humeur joviale, il faisait, par plaisanterie, croire qu'il était un cheval, et parcourait la salle de son école à quatre pattes, en laissant les petits garçons monter sur son dos. Ses pupilles, une fois grands et devenus vieux, prenaient leurs enfants sur leurs genoux, et leur racontaient les espiègleries et les jeux auxquels ils se livraient au temps de leur jeunesse; et les petits bonshommes se firent de cette façon l'idée que leurs grands-pères avaient reçu les leçons d'un centaure, moitié homme, moitié cheval. Souvent, vous le savez, les enfants, qui ne comprennent pas bien ce qu'on leur dit, se mettent dans la tête des notions tant soit peu absurdes.

Quoi qu'il en soit, on a toujours cru à la double nature de Chiron, et on y croira aussi longtemps que durera le monde: Chiron, avec une tête humaine remplie de science, avait le corps et les jambes d'un cheval. Figurez-vous un peu ce vieux maître d'école faisant résonner le plancher de sa classe du piétinement de ses quatre sabots, peut-être écrasant les orteils des

LOISEL R.

marmots confiés à son expérience, fouettant l'air de sa queue en guise de baguette ; et de temps en temps le voyez-vous d'ici sortir en trottant pour brouter une touffe d'herbe ! Je voudrais bien savoir ce qu'il dépensait pour ses fers chez le maréchal.

Jason, dès l'âge le plus tendre, habita une caverne avec ce professeur quadrupède ; il n'avait pas plus de quatre mois lorsqu'on le confia à Chiron, et il y resta jusqu'à ce qu'il devînt un homme. Il acquit un talent remarquable sur la harpe, une adresse surprenante dans l'exercice des armes, avec une connaissance suffisante des plantes et de leurs propriétés médicinales. Ce fut par-dessus tout un cavalier admirable. En effet, le sage Chiron ne devait rencontrer aucun rival dans l'art de l'équitation.

A la fin, devenu un athlète de haute taille et de grande vigueur, Jason résolut de chercher fortune dans le monde, sans demander l'avis de son maître ni rien lui dire à ce sujet. Il manquait en cela de prudence, certainement ; et j'espère, mes petits auditeurs, que nul de vous ne suivra jamais cet exemple. Mais vous comprendrez au moins sa conduite quand vous saurez ce que ce jeune homme avait entendu dire. Issu d'un sang royal, il ne perdit jamais de vue que son père, le roi *Aeson*, avait été précipité du trône par un certain *Pélias,* qui l'aurait aussi mis à mort lui-même, s'il n'eût trouvé un asile secret chez le centaure. Parvenu à l'âge d'homme, Jason se sentit assez de détermination pour revendiquer des droits incontestables et punir le traître Pélias.

Plein de ses projets, il prit une lance dans chacune de ses mains, jeta sur ses épaules une peau de léopard pour se préserver de la pluie, et partit avec ses longues boucles de cheveux blonds flottant au vent. La partie de son costume dont il était le plus fier consistait en une paire de sandales qui avait autrefois appartenu à l'auteur de ses jours. Ces sandales, richement brodées, se liaient sur ses pieds avec des courroies. Son accoutrement général avait un aspect assez original, comme vous voyez. Les femmes et les enfants se mettaient aux portes et aux fenêtres pour le voir passer, se demandant où ce beau jeune homme pouvait diriger ses pas, avec sa peau de léopard et ses sandales à bandelettes d'or.

Quels exploits se proposait-il d'accomplir, armé, comme il l'était, d'une lance dans chacune de ses mains?

Je ne sais quelle distance il avait déjà parcourue, quand il arriva sur les bords d'un torrent qui lui barrait le chemin. Le courant tumultueux se couvrait d'écume, agité par la lutte acharnée des vagues. Bien qu'il ne fût pas très large pendant la saison des grandes chaleurs, son lit était complètement rempli par des pluies abondantes et par la fonte des neiges du mont Olympe. Les flots mugissaient avec tant de fracas et offraient un spectacle si sauvage et si terrible, que Jason, avec toute sa témérité, jugea prudent de s'arrêter sur le rivage. Au-dessus de l'eau apparaissaient de distance en distance des pointes de rochers, auxquelles s'attachaient des branches brisées et des troncs d'arbres déracinés. Çà et là flottaient des cadavres de brebis ou de vaches surprises la nuit dans les étables.

Comme vous voyez, le torrent débordé avait déjà causé bien des désastres. Il était évidemment trop profond pour qu'on s'exposât à le traverser à gué, et trop rapide pour le passer à la nage. Jason n'apercevait aucun pont; et quant à un bateau, il n'y fallait pas penser, car les rochers l'eussent mis en pièces immédiatement.

«Voyez-vous ce pauvre garçon!» dit une voix tremblotante à ses côtés. «Il doit avoir reçu une bien médiocre éducation, puisqu'il se trouve si embarrassé pour passer un petit ruisseau comme celui-ci. A-t-il peur de mouiller ses belles sandales à bandelettes d'or? Quel dommage que son maître d'école à quatre pieds ne soit pas là pour le transporter sain et sauf sur son dos!»

Jason jeta les yeux autour de lui, confondu de surprise, car il ignorait qu'il eût quelqu'un aussi près de lui. En se retournant il aperçut une vieille femme, enveloppée dans un manteau dépenaillé, et s'appuyant sur un bâton dont l'extrémité supérieure était taillée en forme de coucou. Elle paraissait d'une extrême vieillesse, toute ridée et infirme. Ses yeux cependant, de la couleur de ceux d'un bœuf, étaient d'une beauté et d'une grandeur si remarquables, qu'une fois qu'ils se furent fixés sur le jeune homme, celui-ci ne put en détacher ses regards.

La vieille femme tenait à la main une grenade, bien que la saison de ce fruit fût depuis longtemps passée. «Où vas-tu, Jason?» lui demanda-t-elle en l'appelant par son nom.

Vous vous étonnez peut-être qu'elle le sût; mais ces grands yeux bruns semblaient tout connaître, le passé et l'avenir. Tandis que Jason la regardait fixement, il vit s'avancer fièrement un paon qui se plaça à côté d'elle.

«Je me rends à Iolcos», répondit le voyageur, «pour ordonner au méchant roi Pélias de descendre du trône de mon père, et pour régner moi-même à sa place.»

«Ah bien! alors», reprit la vieille avec la même voix chevrotante, «si tels sont tes projets, tu n'as pas besoin de te presser tant. Tiens, sois un bon jeune homme, prends-moi sur ton dos, et porte-moi de l'autre côté du torrent. Mon paon et moi, nous avons, comme toi, une affaire qui nous appelle sur la rive opposée.»

«Bonne mère», répondit Jason, «l'importance de vos affaires ne va pas jusqu'à avoir besoin comme moi de renverser un roi de son trône. En outre, vous le voyez vous-même, ce torrent est impétueux, et, s'il m'arrive de chanceler, nous serons entraînés plus facilement que les débris de cet arbre là-bas. Je voudrais de tout mon cœur vous rendre service, si c'était en mon pouvoir, mais je me défie de ma vigueur. »

« Alors », ajouta-t-elle avec ironie, « tu n'as pas non plus assez de force pour arracher de son trône le roi Pélias. Jason, si tu n'es pas disposé à secourir une femme âgée et infirme, tu n'as que faire de gouverner. Quelle est donc la mission des rois, sinon de protéger les faibles et les malheureux ? Fais comme il te plaira. Si tu refuses de me porter sur tes épaules, j'essayerai, avec mes pauvres membres épuisés, de lutter contre la violence du courant. »

En achevant ces paroles, la vieille enfonça son bâton dans l'eau, comme pour chercher au fond le meilleur endroit où poser d'abord le pied. A cette vue, Jason, honteux de son refus, sentit qu'il ne se pardonnerait jamais si cette misérable et faible créature éprouvait le moindre malheur dans une tentative tellement périlleuse. Le vertueux Chiron, à moitié cheval ou non, lui avait enseigné que le plus noble usage de sa vigueur devait s'appliquer à l'assistance des petits et des faibles ; que toute femme jeune devait être traitée par lui comme une sœur, et toute femme âgée comme une mère. Au souvenir de ces préceptes, le robuste et beau jeune homme fléchit le genou, et pria la respectable dame de s'appuyer sur ses épaules.

«Le passage ne me semble pas très sûr», observa-t-il. «Mais, puisque vos affaires sont si urgentes, je ferai mon possible pour vous transporter sur l'autre rive. Si le torrent vous emporte, il m'emportera également.»

«Cette circonstance, je n'en doute nullement, nous apportera à tous deux une grande consolation», fit la vieille. «Mais rassure-toi, nous arriverons sains et saufs.»

Elle entoura de ses bras le cou de Jason, qui, l'ayant soulevée, avança hardiment dans le torrent, dont le cours impétueux le poussa rapidement en le couvrant d'écume. Quant au paon, il se percha sur l'épaule de sa maîtresse. Notre héros s'aidait des deux lances que tenaient ses mains pour sentir le fond et soutenir sa marche parmi les blocs de rochers. A tout moment, il s'attendait à être entraîné avec son fardeau, comme les arbres à demi broyés et les cadavres des moutons et des vaches. Des flancs escarpés de l'Olympe, les avalanches paraissaient se fondre en flots grondants et se lancer avec furie

pour engloutir celui qui leur résistait avec un courage si énergique. Quand il fut parvenu au milieu du courant, un des troncs déracinés dont je vous ai déjà parlé se détacha des rochers contre lesquels il était retenu, et se précipita contre lui avec ses branches dressées comme les cent bras du géant *Briarée.* Heureusement la violence du tourbillon l'emporta un peu plus loin. Un moment après, le pied du généreux jeune homme se trouva pris entre deux rochers, et y resta si étroitement serré, que, dans son effort désespéré pour l'en retirer, il perdit l'une de ses sandales à courroies d'or.

Cet accident lui arracha involontairement un cri d'impatience.

«Qu'y a-t-il, mon ami?» demanda la vieille.

«Il y a que je viens de perdre une de mes sandales. Et quelle figure vais-je faire à la cour du roi Pélias, avec une chaussure à courroie d'or à un pied, et rien à l'autre?»

«Ne t'en chagrine pas. La fortune ne t'a jamais mieux servi qu'en te dépouillant de cette sandale. Je suis heureuse d'apprendre que tu es précisément la personne dont le *chêne parlant* a fait mention.»

Le jeune homme avait bien le temps alors de demander ce qu'avait dit le chêne parlant!... Mais la vivacité avec laquelle sa compagne avait prononcé ces paroles l'encouragea; en outre, de sa vie il ne s'était jamais senti tant de vigueur et de puissance que depuis qu'il portait cette vieille femme sur son dos. Au lieu de s'épuiser dans ses efforts, il se croyait indomptable à mesure qu'il avançait. Il continua à lutter contre les flots de plus en plus impétueux, parvint à la rive opposée, escalada les bords et déposa sans autre encombre la vénérable dame, avec son paon, sur l'herbe de la prairie. Après avoir accompli son œuvre, il ne put s'empêcher de jeter un regard désespéré sur son pied nu, qui n'avait conservé autour de la cheville qu'un fragment de courroie d'or.

«Tu posséderas bientôt une paire de sandales beaucoup plus belles», dit la vieille femme en dirigeant vers lui ses beaux yeux bruns pleins de bienveillance. «Aie seulement soin de laisser entrevoir à Pélias ton pied privé de chaussure, et tu le verras pâlir d'effroi, je te le promets. Voilà ton chemin. Pars, mon cher Jason, ma bénédiction t'accompagne. Plus tard, quand tu seras assis sur ton trône, souviens-toi de la vieille femme que tu as aidée à traverser le torrent.»

En disant ces mots, elle s'éloigna en trébuchant, et non sans lui adresser un sourire d'adieu par-dessus l'épaule. Soit que l'éclat de ses beaux et grands yeux bruns jetât un certain rayonnement autour d'elle, soit toute autre cause, Jason trouva qu'il y avait dans sa personne un air noble et majestueux, et qu'après tout, malgré sa démarche chancelante et son aspect souffreteux, ses mouvements se distinguaient par une grâce et une dignité à faire envie à toutes les reines de la terre. Son paon, qui avait alors sauté de son épaule, marcha derrière elle en se pavanant pompeusement et en déployant sa queue splendide, probablement afin de la faire admirer par le sauveur de sa maîtresse.

La vieille dame et son oiseau favori une fois à une bonne distance, notre voyageur poursuivit sa route. Après une marche passablement longue, il parvint à une ville située au pied d'une montagne et non loin des bords de la mer. Dans les environs de la ville, une foule immense, non-seulement d'hommes et de femmes, mais encore d'enfants, tous avec leurs plus beaux habits, se livraient évidemment aux plaisirs d'un jour de fête. La foule devenait de plus en plus compacte à mesure qu'on approchait de la plage ; et, en tournant ses regards dans cette direction, il aperçut au-dessus des têtes une colonne de fumée qui se détachait en spirales blanches sur l'atmosphère azurée. Il s'informa du nom de la ville voisine et du motif qui attirait une si nombreuse réunion de personnes.

« C'est la ville de Iolcos », lui fut-il répondu, « et nous sommes les sujets du roi Pélias. Notre monarque nous a convoqués en grande assemblée pour nous faire assister au sacrifice d'un taureau noir en l'honneur de *Poséidon,* qui, dit-on, a donné le jour à Sa Majesté. Voilà le roi là-bas, où vous voyez la fumée s'élever de l'autel. »

L'homme qui parlait ainsi à l'inconnu le considéra avec une vive curiosité ; car le costume de ce dernier ne ressemblait en rien à celui des habitants du pays. C'était pour lui un spectacle tout nouveau qu'un jeune garçon revêtu d'une peau de léopard et armé d'une lance dans chacune de ses mains. Jason s'aperçut aussi que son interlocuteur regardait ses pieds avec une attention toute particulière. Vous vous souvenez, n'est-ce pas, qu'il en avait un déchaussé et l'autre orné de la sandale aux courroies d'or de son père.

«Regardez-le! Regardez-le donc!» dit l'homme à son voisin. «Voyez-vous? Il ne porte qu'une sandale!»

A ce propos, d'abord un individu, puis un autre, commença à l'examiner, et chacun fut frappé de sa tenue singulière, bien que les yeux se tournassent beaucoup plus souvent vers ses pieds que vers toute autre partie de sa personne. Il entendait autour de lui une foule de voix chuchoter: «Une sandale! une seule sandale!» Et toujours: «L'homme à une sandale! Le voici enfin arrivé! D'où vient-il? que va-t-il faire? Qu'est-ce que le roi va dire à l'homme à une sandale?»

Le pauvre Jason se sentait grandement décontenancé et concluait que les habitants de Iolchos devaient être bien mal élevés pour critiquer ainsi publiquement ce qui, par suite d'un accident, manquait à son costume.

Cependant, soit que la foule le poussât en avant, soit que lui-même, de son propre mouvement, se fût frayé un passage à travers le flot populaire, il advint qu'il se trouva tout près de l'autel fumant où le roi Pélias allait sacrifier le taureau noir. La foule, surprise à la vue de l'étranger au pied déchaussé, faisait entendre un tel murmure que la solennité de la cérémonie en fut troublée. Le roi, avec son grand couteau à la main, au moment de l'enfoncer dans la gorge du taureau, se détourna fort irrité et arrêta son regard sur Jason. Le peuple s'était alors pressé autour du sacrificateur, de sorte que le jeune homme se tenait isolé près de l'autel, face à face avec Pélias en courroux.

«Qui es-tu?» cria le roi d'un air terrible, «et comment oses-tu, téméraire, occasionner ce trouble, au moment où je fais offrande d'un taureau noir à mon père *Poséidon*?»

«Il n'y a nullement de ma faute dans ce désordre. Votre Majesté doit blâmer plutôt la grossièreté de ses sujets qui ont causé le tumulte dont elle se plaint, parce qu'une de mes sandales me manque par hasard.»

A ces mots, le roi lança un regard rapide sur les pieds du mystérieux visiteur.

«Ah!» murmura-t-il, «voilà sûrement

l'homme à la sandale unique ! Que puis-je faire de lui ?»

Et il serra plus fortement dans sa main le manche de son arme, comme s'il lui fût venu l'idée de tuer Jason au lieu du taureau noir. Le peuple saisit au passage, et sans les distinguer clairement, les paroles du souverain. D'abord il y eut un murmure sourd, puis l'air retentit brusquement de ce cri : «L'homme à la sandale est arrivé ! L'oracle doit s'accomplir !»

Or il faut savoir que, bien des années auparavant, le roi Pélias avait reçu du chêne parlant de *Dodone* la révélation suivante : Il serait renversé du trône par un homme chaussé d'une seule sandale. En vue de cette menaçante prédiction, il avait décrété que nul ne serait introduit en sa présence sans avoir ses deux sandales fortement attachées aux pieds. Un officier spécial, affecté à l'exécution de ce règlement, devait rigoureusement examiner les sandales de tous ceux qui pénétraient dans le palais, et en fournir une nouvelle paire, aux frais du trésor royal, et par précaution, à ceux qui en portaient d'usées. Pendant toute la durée de son règne il n'avait jamais ressenti une agitation, un effroi semblables à ceux qu'il éprouva en voyant le pied nu de Jason. Cependant, comme c'était un prince naturellement hardi et d'une âme fortement trempée, il reprit aussitôt courage, et commença par considérer de quelle façon il pourrait se débarrasser de cet importun chaussé d'une seule sandale.

«Mon brave jeune homme», dit-il en affectant le ton le plus doux possible, afin de ne pas éveiller la défiance de Jason, «tu es le bienvenu dans mes États. Si j'en juge par ton costume, tu dois arriver de pays lointains; car, dans cette partie du globe, l'usage n'est pas de porter des peaux de léopard. Quel est ton nom, je te prie, et où as-tu élevé?»

«Mon nom est Jason. Depuis ma tendre enfance j'ai habité la caverne du centaure Chiron. C'est lui qui a été chargé de mon éducation; c'est de lui que j'ai appris à jouer de la harpe, à diriger un cheval, à soigner les blessures, et enfin à manier les armes avec art!»

«J'ai entendu parler de Chiron comme d'un maître habile», reprit Pélias, «ainsi que de l'érudition et de la sagesse qui le distinguent. Je sais que c'est une tête pleine de science, bien que placée sur un corps de cheval. J'éprouve un bien grand plaisir à recevoir à ma cour un de ses disciples. En témoignage des savantes leçons dont tu as certainement profité, permets-moi de t'adresser une simple question.»

«Je n'ai pas la prétention de posséder des connaissances bien profondes», dit le jeune homme.

«Mais demande-moi ce que tu voudras, et j'y répondrai de mon mieux.»

Alors le roi chercha dans sa malice à lui tendre un piège et à lui arracher quelque parole qui servît plus tard à le perdre. Puis, avec un sourire plein de ruse et de méchanceté, il ajouta: «Que ferais-tu, brave Jason, s'il existait dans le monde un homme que tu aurais des raisons de croire décidé à te faire périr? Que ferais-tu, je le répète, si cet homme était en ta présence et dans ton pouvoir?»

Jason fut convaincu, à l'expression de cruauté que Pélias ne pouvait cacher dans son regard, qu'il avait deviné le but de son voyage, et voulait se servir de sa propre réponse pour la tourner contre lui. Il lui répugnait de déguiser sa pensée. En prince loyal et franc, il résolut de dire la vérité tout entière. Puisque le roi lui avait posé cette question, et que lui, de son côté s'était engagé à lui répondre, il se trouvait forcé de lui déclarer ce qu'il pensait le plus prudent d'exécuter si son plus cruel ennemi tombait entre ses mains.

Après un moment de réflexion, et d'une voix ferme et mâle: «J'enverrais un tel homme», dit-il, «à la conquête de la Toison d'or.»

Vous saurez que cette entreprise était la plus difficile et la plus périlleuse du monde. D'abord il fallait un long voyage à travers des mers inconnues. Le téméraire qui eût conçu ce dessein n'eût pas seulement échoué dans sa tentative; il n'aurait même pas eu l'espérance ou la possibilité de revenir pour raconter les obstacles et les dangers affrontés sur sa route. Les yeux de Pélias étincelèrent de joie quand il entendit la réplique de Jason.

«Bien dit, notre étranger, bien dit!» s'écria-t-il. «Pars donc, et, au péril de ta vie, rapporte-moi la Toison d'or.»

«J'obéis», répond Jason d'un air calme. «Si je succombe, tu seras à l'abri de toute crainte de ma part, je ne reviendrai plus te troubler. Mais si je rentre à Iolcos, chargé du glorieux butin, tu n'auras qu'à descendre du trône, roi Pélias, et à m'abandonner ton sceptre et ta couronne.»

«J'y consens», dit l'usurpateur avec un regard railleur et une expression d'incrédulité. «En attendant, je vais veiller à les conserver pour toi.»

La première démarche de Jason, après son entrevue avec le roi, fut de se rendre à Dodone, afin de s'enquérir auprès du chêne parlant de ce qu'il avait à faire. Cet arbre merveilleux s'élevait au centre d'une antique forêt. Son tronc majestueux mesurait plus de cent pieds de haut, et jetait une ombre épaisse sur un espace de plus d'un arpent. En s'abritant sous ses branches, le visiteur examina la brillante verdure de ses rameaux enlacés, porta ses regards vers le centre mystérieux de l'arbre vénérable, puis parla à haute voix, comme s'il se fût adressé à quelque personne cachée au milieu du feuillage.

«Que faut-il que je fasse», dit-il, «pour conquérir la Toison d'or?»

D'abord il y eut un profond silence, non seulement dans toutes les parties du chêne parlant, mais encore dans le bois environnant. Une minute ou deux après, les feuilles commencèrent à

s'agiter, comme si une douce brise était venue furtivement s'y glisser. Les autres arbres du voisinage restaient dans une immobilité parfaite.

Peu à peu, Jason crut distinguer des sons articulés, fort confus d'abord, par la raison que chaque feuille de l'arbre représentait une langue, et que des milliers de feuilles gazouillaient toutes à la fois. Le bruissement s'accrut de plus en plus, et ressembla bientôt à un tourbillon qui sifflait entre les branches, en composant de ces innombrables souffles un murmure violent. Quoique ce murmure eût presque le caractère d'une tempête, c'était en même temps comme une voix basse et ronflante, qui parlait aussi distinctement qu'un arbre peut parler.

Elle prononça les paroles suivantes: «Va trouver *Argus*, le constructeur de navires, et ordonne-lui de construire une galère armée de cinquante rames.»

Puis la voix se fondit dans le vague frôlement du feuillage et s'éteignit graduellement. Quand le silence se fut rétabli, Jason se prit, pour ainsi dire, à douter s'il avait positivement entendu ces paroles, ou si son imagination ne s'était pas créé une trompeuse illusion.

Après quelques informations prises chez les habitants de Iolcos, il vérifia qu'il existait réellement dans la ville un homme nommé Argus, très habile constructeur de vaisseaux. L'arbre possédait donc une certaine intelligence: autrement, comment aurait-il connu l'existence de cet homme ?

A la requête de Jason, Argus consentit à lui construire une galère assez grande pour contenir cinquante vigoureux rameurs, bien qu'on n'eût pas encore vu dans le monde un navire de cette puissance et de cette grandeur. Le maître charpentier, avec tous ses ouvriers et ses apprentis, se mit à l'ouvrage ; pendant longtemps une activité extraordinaire régna dans les chantiers ; nuit et jour la hache et le marteau retentirent bruyamment sur les pièces de bois.

Enfin, le nouveau navire, nommé *l'Argo*, fut prêt à être lancé à la mer. Comme le chêne parlant lui avait déjà donné de bons avis, Jason pensa qu'il n'était pas hors de propos de lui adresser de nouvelles questions. Il le visita une seconde fois ; et, s'étant placé près de son tronc gigantesque et séculaire, il l'interrogea sur ce qui lui restait à faire.

Cette fois, il n'y eut pas parmi les feuilles une agitation aussi générale.

Mais quelques instants après, Jason observa que le feuillage d'une grande branche frémissait au-dessus de sa tête, comme si le vent l'eût particulièrement choisie pour la secouer, tandis que les autres parties de l'arbre étaient dans un calme complet.

« Coupe-moi ! » dit la branche aussitôt qu'elle put parler distinctement ; « coupe-moi ! coupe-moi ! et donne-moi la forme d'une tête pour orner ta galère. »

En conséquence, Jason prit la branche au mot et l'eut bientôt tranchée. Un sculpteur des environs fut engagé pour exécuter le travail. C'était un assez habile ouvrier, qui avait déjà taillé en bois des figures prétendues de femmes, à peu près dans le genre de celles que nous voyons de nos jours scellées aux beauprés des navires, avec leurs grands yeux fixes, qui ne clignent jamais sous le choc des flots écumants.

Mais, par un phénomène étrange, l'artiste reconnut qu'un pouvoir invisible lui guidait la main, et que ses outils avaient exécuté cette œuvre, à la composition de laquelle il était étranger, avec une perfection dont il s'avouait lui-même incapable.

L'ouvrage, une fois terminé, représentait une belle et gracieuse femme, la tête coiffée d'un casque d'où s'échappaient de longues boucles de cheveux ondulant sur ses épaules. A son bras gauche était un bouclier, au centre duquel ressortait en ronde bosse une tête de *Méduse* entourée de serpents. Le bras droit de la statue se portait en avant, comme pour montrer quelque chose. Quant aux traits de la figure, sans exprimer la colère ou le commandement, ils offraient un type grave et majestueux, que vous auriez peut-être pris pour celui de la sévérité. On eût dit la bouche prête à s'entr'ouvrir et à prononcer des sentences d'une haute sagesse.

Jason, ravi de son image de chêne, ne donna pas de repos au sculpteur qu'il n'y eût mis la dernière main et ne l'eût ajustée à la place consacrée depuis cette époque jusqu'à nos jours, c'est-à-dire à la proue du bâtiment.

«A présent», s'écria-t-il en contemplant la tête noble et calme de la statue, «à présent, il faut que je retourne au chêne parlant pour le consulter sur ce que j'ai à faire.»

«Tu n'as pas besoin de prendre cette peine», dit une voix qui, quoique moins sonore, lui rappela les accents de l'arbre mystérieux. «Quand tu désireras un bon conseil, tu peux me le demander.»

Jason fixa ses regards sur la face de la statue au moment où ces mots furent prononcés; mais il put à peine en croire ses oreilles ou ses yeux. La vérité était cependant que les lèvres avaient remué et que le son de la voix provenait de l'image de chêne.

Revenu de sa surprise, il se souvint que la statue avait été exécutée avec le bois du chêne parlant, et que pour cette raison il ne fallait pas s'émerveiller, mais au contraire regarder comme la chose la plus naturelle du monde qu'elle possédât le don de la parole. Il eût été, à bien prendre, beaucoup plus extraordinaire qu'il n'en fût pas ainsi. En tout cas, la fortune le favorisait grandement, en mettant à sa disposition un conseiller si plein de sagesse dans le cours d'un voyage long et périlleux.

«Dis-moi, prophétique image», s'écria Jason, «puisque tu hérites de la science du chêne parlant de Dodone, dont tu es la fille, dis-moi où je

pourrai trouver cinquante jeunes hommes hardis, qui consentent à prendre chacun une rame de ma galère. Il leur faut des bras vigoureux, une bravoure éprouvée pour affronter les périls de mon entreprise, ou nous ne parviendrons jamais à conquérir la Toison d'or.»

«Va», reprit l'image, «va faire appel à tous les héros de la Grèce.»

Au fait, si l'on considère l'importance de l'expédition, Jason pouvait-il recevoir un conseil d'une plus haute prudence ? Sans perdre de temps, il envoya des messagers dans chaque ville de ce glorieux pays, pour publier que le fils et héritier d'Aeson allait s'embarquer afin de se rendre maître de la Toison d'or, et qu'il désirait l'assistance de quarante-neuf des plus braves et des plus forts pour ramer sur son navire et partager ses dangers. Jason lui-même ferait le cinquantième.

A cette nouvelle, les plus aventureux du pays commencèrent à s'émouvoir. Quelques-uns d'entre eux avaient livré bataille à des géants et abattu des dragons. Les plus jeunes, moins avancés dans cette noble carrière, sentirent qu'ils avaient déjà vécu trop longtemps sans chevaucher sur un serpent volant, ou déchirer de leurs éperons les flancs d'une *chimère,* ou au moins enfoncer leur bras droit dans la gorge de quelque lion monstrueux. En profitant de l'offre généreuse qui leur était faite, mille occasions de se distinguer dans de semblables aventures ne manqueraient pas de se présenter.

Séduits par cette flatteuse perspective, ils se hâtèrent de fourbir leurs casques et leurs boucliers ; et ceints de leurs glaives, ils arrivèrent par bandes à Iolchos, et montèrent sur la nouvelle galère. Après avoir pressé affectueusement les mains de Jason, ils l'assurèrent qu'ils ne faisaient pas le moindre cas de leur vie ; qu'ils l'aideraient dans les travaux de la navigation jusqu'aux limites les plus reculées du monde, et beaucoup plus loin encore qu'il ne s'attendait peut-être à aller.

Bon nombre de ces braves devaient leur première éducation à Chiron, le savant à quatre pieds, et par conséquent se trouvaient camarades d'études de notre héros, qu'ils connaissaient comme un garçon de brillantes dispositions. Le puissant Héraclès, dont les épaules supportèrent plus tard la voûte des cieux, faisait partie de la valeureuse cohorte; *Castor et Pollux,* les deux frères jumeaux, qu'on n'accusa jamais d'avoir des cœurs de poule, bien que éclos tous deux d'un œuf; *Thésée,* célèbre pour avoir tué le Minotaure; *Lyncée,* au coup d'œil si perçant, qu'il pouvait voir à travers une meule de moulin, ou découvrir les trésors ensevelis au plus profond de la terre; puis *Orphée,* le plus habile musicien que l'on connut jamais, dont la lyre résonnait si harmonieusement sous ses doigts que les animaux sauvages s'arrêtaient sur leurs jambes de derrière et sautaient aux sons de sa musique: bien plus, à quelques-unes de ses plus touchantes mélodies, les rochers s'élançaient de leur prison de terre et de mousse, les forêts se déracinaient, et les arbres, en balançant leurs têtes les uns vers les autres, exécutaient une contredanse.

Parmi les rameurs se trouvait une belle jeune fille nommée *Atalante,* nourrie par un ours dans les montagnes. Elle avait une telle légèreté qu'elle posait le pied de la crête d'une vague sur l'autre sans mouiller autre chose que la semelle de ses sandales. Elevée en pleine liberté, elle parlait beaucoup des droits de son sexe, et préférait la chasse et la guerre aux travaux de son sexe.

Mais, dans mon opinion, les plus remarquables de cette illustre légion étaient deux fils d'*Aquilon,* jeunes gens légers comme l'air et d'un caractère orageux, dont les épaules étaient munies d'une paire d'ailes. En cas de temps trop calme, ils se gonflaient les joues, et pouvaient, aussi bien que leur père, souffler un vent d'une force proportionnée aux besoins de la navigation.

Je ne dois pas oublier les prophètes et les sorciers, qui se trouvaient en assez grand nombre parmi l'équipage. Ceux-là avaient la faculté de prédire les événements du lendemain, ou du jour suivant, même jusqu'à une centaine d'années dans l'avenir; seulement ils ignoraient généralement ce qui se passait dans le présent.

Jason confia le timon du navire à *Tiphys,* parce qu'il connaissait la marche des astres et les calculs du compas maritime.

Lyncée, en raison de ses yeux perçants, reçut la garde de la vigie et se plaça à la proue, d'où il signalait une voile à la distance d'une journée. Quant aux objets plus rapprochés, il ne distinguait pas plus loin que son nez. Quand l'on manœuvrait sur une mer d'une profondeur suffisante, cet homme extraordinaire vous décrivait exactement la nature des rochers et des bancs de sable gisant au fond des abîmes. Souvent il criait à ses compagnons qu'ils voguaient sur des montagnes de trésors engloutis sous les flots. Malheureusement sa longue vue ne l'enrichissait point. Il faut avouer la vérité : peu de gens croyaient à des assertions tirées de si loin.

Eh bien, quand les Argonautes (ainsi appela-t-on ces braves aventuriers) eurent accompli tous les préparatifs du voyage, une difficulté imprévue menaça d'en marquer le terme avant le début même. Le navire, vous le comprendrez facilement, était si long, si large et si pesant, que la force réunie des cinquante hommes fut impuissante pour le pousser à l'eau. Héraclès, je suppose, n'avait pas encore atteint toute sa vigueur : autrement il l'aurait mis à flot aussi aisément qu'un petit garçon lance son bateau sur une mare. Ils étaient là, ces héros fameux, poussant, se roidissant à faire éclater les muscles, et leurs efforts n'aboutissaient pas à faire avancer d'un pouce le navire l'Argo.

Enfin, tombant presque d'épuisement, ils s'assirent sur la plage, en proie au désespoir le plus violent. Ils se voyaient obligés de laisser pourrir et tomber en ruine leur vaisseau: il leur fallait tenter de traverser la mer à la nage, ou bien renoncer à leur conquête.

Soudain Jason se souvint de la statue attachée à la proue.

«Fille du chêne parlant», s'écria-t-il, «comment devons-nous nous y prendre pour mettre notre navire à flot?»

«Tenez-vous assis», répondit l'image (car elle savait parfaitement ce qu'il y avait à faire dès le commencement, mais elle attendait qu'on la questionnât), «tenez-vous assis, vos rames à la main, et qu'Orphée fasse résonner sa lyre.»

A l'instant même, les cinquante héros montèrent sur le pont, et saisissant leurs armes, les tinrent perpendiculairement, tandis qu'Orphée, à qui cette tâche plaisait mieux que de manier un aviron, promenait ses doigts sur les cordes de son instrument. Lorsque vibrèrent les premiers préludes, le navire commença à se mouvoir. Le musicien poursuivit son improvisation avec de brillants accords, et la galère franchit l'espace qui la séparait de la mer, enfonçant sa proue si profondément, que les vagues vinrent mouiller les lèvres de la merveilleuse statue.

Puis l'Argo se releva avec la légèreté et la grâce d'un cygne. Les rameurs se mirent aussitôt à l'œuvre, l'écume bouillonnante jaillit de tous côtés; les flots agités se soulevaient et s'abaissaient alternativement. Orphée, s'abandonnant aux élans de son génie, fut si heureusement inspiré, que l'embarcation se balança en cadence sur les brisants, comme pour marquer la mesure.

L'Argo sortit triomphalement du port, saluée par mille hourras et accompagnée des vœux de tous; mais le vieux et cruel Pélias n'y joignit pas les siens. Assis sur un promontoire, il assistait, lui aussi, à cet émouvant spectacle, mais le regard sombre et l'âme dévorée d'amertume. Que ne pouvait-il en soufflant déchaîner la tempête de haine et de rage renfermée dans son cœur? Quand les voyageurs furent parvenus à une cinquantaine de milles du point de départ, Lyncée dirigea sa vue vers la terre, et rapporta que le méchant roi se tenait toujours au sommet du promontoire. Son maintien était si menaçant

et son visage si courroucé, que l'horizon semblait de ce côté chargé de nuages orageux.

Dans le but de passer le temps du voyage le plus agréablement possible, les héros s'entretinrent de la célèbre Toison. Dans le principe, dit l'histoire, elle appartenait à un bélier de Béotie qui avait enlevé sur son dos deux enfants en danger de perdre la vie et avait fui avec eux à travers les terres et les mers jusqu'en Colchide. Un des enfants, c'était une fille nommée *Hellé,* tomba dans les flots et s'y noya. Le second, un petit garçon, nommé *Phrixos,* fut transporté sain et sauf jusqu'au rivage. Mais le fidèle bélier, épuisé de fatigue, tomba immédiatement sur le sable et expira. En mémoire de cette belle action, et comme pour le récompenser de la bonté de son cœur, la toison du pauvre bélier qui s'était ainsi si généreusement sacrifié, fut miraculeusement changée en or. On la considérait généralement comme la merveille la plus grande qui existât sur la terre. Suspendue à un arbre dans un bois sacré, il y avait à cette époque je ne sais combien d'années qu'on l'y gardait soigneusement, et qu'elle excitait l'envie des plus puissants potentats; car il ne se trouvait dans leur palais aucun objet qui en égalât la magnificence.

Si je voulais vous raconter toutes les aventures des Argonautes, mon récit durerait jusqu'à la nuit, et peut-être beaucoup plus longtemps encore. Les événements extraordinaires ne manquèrent point, si vous en jugez par ce que vous avez déjà appris.

En abordant à une certaine île, ils furent reçus avec hospitalité par le roi *Cyzicos,* qui leur offrit une fête et les traita en frères. Cependant les Argonautes s'aperçurent que ce généreux monarque était abattu et troublé par de vives inquiétudes. Ils lui demandèrent le motif de son anxiété apparente. Cyzicos leur apprit que lui et ses sujets souffraient continuellement des attaques et des déprédations des habitants d'une montagne voisine, qui ne rêvaient que carnage et destruction. Un grand nombre de ses sujets avaient déjà succombé dans ces luttes renouvelées sans cesse. Tandis que la conversation roulait sur ce chapitre, Cyzicos montra du doigt la montagne et demanda à Jason et à ses compagnons s'ils n'y distinguaient pas quelque chose.

«Je vois des objets d'une énorme dimension»,

répondit son hôte respectueux, «mais ils sont à une telle distance que je ne peux pas les discerner convenablement. J'oserai dire à Votre Majesté que je crois que ce sont des nuages, dont l'aspect singulier rappelle celui des formes humaines.»

«Je les vois comme je vous vois», observa Lyncée dont la vue, vous le savez, franchissait les distances aussi bien qu'un télescope. «C'est une bande d'immenses géants. Tous ont six bras, et chacune de leurs mains est armée d'un glaive, d'une massue et d'un autre instrument de guerre.»

«Vous avez là d'excellents yeux», dit le roi Cyzicos. «Eh bien, oui, c'est la vérité. Ce sont six géants armés comme vous l'annoncez, et voilà les terribles ennemis que moi et mes sujets nous avons à combattre.»

Le lendemain, comme les navigateurs se préparaient à mettre à la voile, ces terribles géants descendirent dans la mer, faisant des pas de cent mètres de long, brandissant leurs six bras et prenant des airs de menace proportionnés à leur taille énorme. Chacun de ces êtres monstrueux était capable à lui seul de soutenir une guerre

formidable, car avec un de ses bras il pouvait lancer des blocs de rocher d'une grosseur considérable, avec un autre frapper des coups de massue, avec un troisième manier un glaive, avec un quatrième charger l'ennemi à l'aide d'une longue lance. Quant au cinquième et au sixième, les géants s'en servaient pour bander un arc et décocher des traits. Heureusement, avec leur stature colossale et avec tous leurs bras, ils n'avaient chacun qu'un seul cœur, à peu près égal pour la grosseur et la bravoure à celui d'un homme ordinaire. Encore, s'ils avaient ressemblé à Briarée aux cent bras, les Argonautes auraient eu à soutenir un combat digne d'eux. Jason et ses compagnons allèrent hardiment à leur rencontre, en tuèrent la majeure partie, et mirent les autres en fuite; de sorte que, si ces monstres eussent été pourvus de six jambes au lieu de six bras, cet avantage leur eût été favorable pour opérer leur retraite.

Il arriva une autre aventure aux voyageurs à leur arrivée en Thrace. Ils trouvèrent dans ce pays un pauvre roi aveugle nommé *Phinée,* abandonné de ses sujets et vivant solitaire, d'une manière tout à fait déplorable. Jason lui ayant demandé s'ils pouvaient lui rendre quelque service, le roi répondit qu'il subissait des tourments horribles de la part de trois abominables créatures, des *Harpies,* les appelait-il, qui avaient des visages de femmes, avec des ailes, des corps et des serres de vautours. Ces monstrueuses productions de la nature lui dévoraient ordinairement son repas et ne lui laissaient aucune tranquillité.

Ce récit inspira aux Argonautes l'idée de dresser sur le bord de la mer un abondant festin, persuadés, d'après ce que racontait le malheureux prince sur leur voracité, que les Harpies, alléchées par l'odeur des mets, ne manqueraient pas de s'abattre sur eux pour en faire leur proie.

Cette prévision se réalisa. A peine la table fut-elle dressée, que les trois hideuses femmes-vautours fondirent sur ce point, saisirent les viandes dans leurs griffes, et reprirent leur vol de toute leur vitesse. Mais les deux fils d'Aquilon dégaînèrent leurs épées et s'élancèrent à tire-d'aile à la poursuite des coupables, qu'ils finirent par surprendre entre quelques îles, après une chasse de plusieurs centaines de milles. Les deux héros aériens, formés à l'école de leur père, dirigèrent contre elles un souffle si violent et les effrayèrent tellement avec leurs glaives nus, qu'elles promirent solennellement de ne plus tourmenter désormais le roi Phinée.

Les Argonautes continuèrent leur route, et rencontrèrent beaucoup d'autres incidents extraordinaires, qui, pris isolément, fourniraient chacun amplement matière à une histoire. Une fois ils abordèrent à une île, et ils se reposaient sur l'herbe, quand ils se virent tout à coup assaillis par une grêle de traits à pointes d'acier, dont quelques-uns se fixèrent dans le sol, d'autres pénétrèrent dans leurs boucliers et même dans leur chair. Les cinquante héros se levèrent comme un seul homme, et cherchèrent autour d'eux leurs ennemis ; ils ne virent aucune bande armée, et parcoururent l'île entière sans trouver des traces de leur présence. Cependant les flèches continuaient à siffler à leurs oreilles. A la fin, ayant par hasard levé les yeux, ils aperçurent en l'air une nuée d'oiseaux planant audessus de la plage, qui décochaient sur eux leurs plumes aiguës. Ces plumes n'étaient autres que les flèches à pointes d'acier qui leur avaient causé tant d'ennui. Toute résistance paraissait

LOISEL

impossible; et les cinquante braves allaient tous succomber sous les coups d'une misérable bande d'oiseaux, sans même entrevoir la Toison d'or.

Mais leur chef eut la pensée de demander l'avis de l'image de chêne.

Il courut à la galère aussi vite que ses jambes le lui permirent.

«Fille du chêne parlant», s'écria-t-il hors d'haleine, «nous avons recours à ta sagesse, dont nous avons plus que jamais besoin! Une troupe d'oiseaux nous fait courir les plus grands dangers, en nous lançant des plumes à pointes d'acier. Que faut-il faire pour les chasser?

«Faites un grand fracas en frappant sur vos boucliers», répondit la statue.

Muni de cet avis salutaire, Jason retourna promptement vers ses compagnons, bien plus atterrés que le jour de la bataille livrée aux géants à six bras. Il leur commanda de faire retentir l'air le plus bruyamment possible, en frappant sur leurs boucliers d'airain avec leurs épées.

Cet ordre fut exécuté à la lettre et avec ardeur, et le bruit fut si éclatant que les oiseaux commencèrent à se dissiper; car, malgré une consommation considérable de plumes, il leur en restait encore assez pour les aider à se transporter au milieu des nuages, où ils disparurent comme une volée d'oies sauvages.

Orphée célébra cette victoire en entonnant un hymne triomphal avec accompagnement de harpe. Son chant modulait des mélodies si ravissantes que Jason crut prudent de le prier de cesser. En effet, les oiseaux aux plumes d'acier, qui avaient été chassés par un bruit désagréable, auraient bien pu être attirés de nouveau par une musique si harmonieuse.

Pendant le séjour passager des Argonautes sur cette île, ils virent un petit vaisseau cingler vers le rivage. Dans ce petit bâtiment se trouvaient deux jeunes hommes à la démarche princière, et doués de cette beauté qui caractérisait généralement, à cette époque, les enfants issus de sang royal. Or, vous imaginez-vous ce que pouvaient être ces deux voyageurs? Eh bien! si vous voulez me croire, c'étaient les fils de ce même Phrixos, qui, dans son enfance, avait été transporté en Colchide sur le dos du bélier à la toison d'or. Depuis cette époque, Phrixos s'était marié à la fille du roi; et les deux jeunes princes nés de cette union, élevés à Colchos, avaient passé les premières années de leur enfance sous les ombrages du bois sacré au centre duquel se conservait attachée à un arbre la grande merveille du monde. Ils se rendaient alors en Grèce, dans l'espérance de reconquérir un royaume enlevé à leur père par trahison.

Aussitôt que les princes furent informés du dessein des Argonautes, ils leur offrirent de retourner et de les guider vers Colchos. Mais en même temps ils exprimèrent à Jason leurs doutes sur le succès de son entreprise. A les entendre, l'arbre auquel demeurait suspendue la précieuse toison était gardé par un terrible dragon, qui ne manquait jamais de dévorer d'une seule bouchée tous ceux qui s'aventuraient à sa portée.

« Il y a encore d'autres difficultés », poursuivirent les princes. « Mais la première n'est-elle pas un obstacle suffisant ? Brave Jason, croyez-nous, retournez sur vos pas. Bientôt il sera trop tard. Notre cœur saigne à l'idée que vous et vos quarante-neuf compagnons vous soyez condamnés à être dévorés par cet exécrable dragon. »

«Mes amis», reprit tranquillement Jason, «je ne m'étonne point que vous trouviez ce monstre aussi épouvantable. Depuis votre plus tendre enfance vous avez reçu cette impression; et aujourd'hui vous en êtes encore frappés de terreur, comme le sont les enfants que leur nourrice a bercés dans la crainte des loups-garous et des fantômes errants. Mais, à mon point de vue, le dragon est simplement un reptile de proportions assez développées, qui a moins de chances de m'avaler d'un seul morceau que je n'en ai d'abattre sa tête hideuse et de le dépouiller ensuite. Quoi qu'il arrive, recule qui voudra; quant à moi, je ne reverrai jamais le beau ciel de la Grèce, ou je rapporterai avec moi la Toison d'or.»

«Nous te suivrons tous!» s'écrièrent d'une voix unanime ses quarante-neuf camarades. «Remontons à l'instant sur la galère; et, si le dragon nous attend pour son déjeuner, grand bien lui fasse!»

Et Orphée, dont l'habitude était de mettre en musique toutes les émotions et tous les récits, fit sur ce sujet une sublime composition. Son chant fut si harmonieux et si éloquent, qu'il n'y avait pas un de ces enfants de la Grèce qui, au souvenir de sa tendre mère, ne regardât comme un bonheur sans bornes de combattre les dragons, et ne mît au-dessus de tous les honneurs possibles celui d'être, au pis aller, dévoré d'une seule bouchée.

Lorsque les Argonautes eurent entendu cette œuvre lyrique dont la puissance avait pénétré leurs âmes, se confiant à la direction des deux princes familiarisés avec la route, ils firent route vers la Colchide. Quand le roi du pays, nommé *Aeétès,* reçut avis de leur arrivée, il fit aussitôt venir Jason à sa cour. La dureté et la barbarie se peignaient sur les traits de ce souverain. Bien qu'il affectât un air de politesse et d'hospitalité, sa figure ne séduisit pas plus le fils d'Aeson que celle du méchant roi Pélias.

«Tu es le bienvenu, noble Jason», dit le roi Aeétès. «Dis-moi, est-ce un voyage d'agrément que tu as entrepris ou bien médites-tu la découverte d'un hémisphère inconnu ? Quel est donc le motif, je te prie, qui me procure le plaisir de te voir ?»

«Grand prince», répliqua Jason avec respect (il tenait de Chiron la manière de se conduire convenablement dans la compagnie des rois comme dans celle des mendiants), «je suis venu ici avec un projet que je vous demande la permission d'exécuter. Le roi Pélias, en possession du trône de mon père, auquel il n'a pas plus de droits qu'à celui de Votre Majesté, s'est engagé à en descendre et à m'abandonner son sceptre et sa couronne, pourvu que je lui rapporte la Toison d'or. Cette précieuse dépouille est, comme vous le savez, suspendue à un arbre, dans votre capitale. Vous me voyez, sire, sollicitant humblement de Votre Majesté l'autorisation de l'enlever.»

Malgré lui, le visage du roi se contracta de colère. De tous les trésors du monde, c'était celui-là qu'il estimait le plus; on le soupçonnait même d'un acte de noire cruauté commis pour se l'approprier.

Aussi son âme fut-elle assombrie à la nouvelle que le vaillant prince Jason, suivi des quarante-neuf plus braves guerriers de la Grèce, avait abordé dans son royaume pour accomplir cette conquête.

«Sais-tu», demanda le roi Aeétès en fixant sur le héros un œil sévère, «quelles sont les formalités à remplir pour entrer en possession de l'objet que tu convoites?»

«J'ai entendu dire qu'un dragon se tient constamment sous l'arbre aux branches duquel est attachée cette riche dépouille, et je sais que quiconque s'en approche assez près court le risque d'être dévoré d'une seule bouchée.»

«C'est la vérité», reprit le potentat avec un sourire qui n'avait rien de rassurant; «c'est la pure vérité. Mais il y a d'autres conditions aussi dures, ou peut-être encore plus dures à exécuter avant d'avoir le privilège d'être dévoré par le dragon. Par exemple, pour commencer, tu dois dompter mes deux taureaux aux pieds et aux poumons d'airain, fabriqués à mon intention par *Héphaïstos,* le divin forgeron. Une fournaise ardente brûle continuellement dans leur poitrine; et une telle vapeur s'échappe de leurs naseaux, que jusqu'ici personne n'a pu s'en approcher sans être asphyxié ou réduit en cendres. Que penses-tu de cela, mon brave Jason?»

«J'affronterai ce péril, puisqu'il se rencontre sur mon chemin.»

«Quand tu auras dompté les deux taureaux», poursuivit le roi, déterminé à épouvanter son visiteur autant que possible, il te restera à les soumettre au joug. Puis tu laboureras la terre sacrée dans le bois dédié à Mars. Cela fait, tu sèmeras quelques-unes de ces dents de dragon qui fournirent à *Cadmos* une moisson de guerriers. Ce sont des êtres bien intraitables et bien indisciplinés que ces fils des dents du dragon. Si tu ne les gouvernes pas à leur goût, ils tomberont sur toi le fer à la main. Toi et tes quarante-neuf camarades, mon pauvre garçon, vous serez à peine assez nombreux et assez forts pour soutenir le choc de l'armée que vous verrez sortir du sol.»

«Chiron, mon digne maître, m'a mis au courant, il y a longtemps, de l'histoire de Cadmos. Il se peut que je vienne à bout, aussi bien que ce grand homme, des turbulents soldats issus des dents du monstre.»

«Je voudrais bien le voir aux prises avec le dragon, lui et ses quarante-neuf compagnons», grommela en lui-même le roi Aeétès, «ainsi que son pédant de maître à quatre pieds, par-dessus le marché. Le niais téméraire et infatué de sa folle personne!... Attendons mes taureaux au souffle de feu, nous verrons!... Eh bien, noble étranger», reprit-il, «goûte le repos, prends tes aises aujourd'hui autant qu'il te plaira, et dès demain matin, puisque tu persistes, tu feras à la charrue l'épreuve de ton habileté.»

Durant l'entretien du roi et de Jason, une jeune fille rayonnante de beauté se tenait debout derrière le trône. Les yeux attentivement fixés sur le prince, elle ne perdait pas un mot de la conversation. Quand Jason prit congé du souverain, elle le suivit hors de l'appartement.

«Je suis la fille du roi», lui dit-elle, «mon nom est Médée. Je sais beaucoup de secrets qu'ignorent les autres princesses, et je peux faire bien des choses qu'elles seraient effrayées de voir dans leurs rêves. Si vous avez confiance en moi, je vous donnerai les instructions nécessaires pour dompter les taureaux au souffle de feu, pour semer les dents de dragon, en un mot pour vous rendre maître de la Toison d'or.»

«En vérité, belle princesse, si vous consentez à m'obliger de la sorte, je vous promets une vive reconnaissance qui ne finira qu'avec ma vie.»

En observant Médée, il fut frappé de la merveilleuse intelligence dont ses traits étaient empreints. C'était une de ces personnes dont les yeux sont pleins de mystère. Vous eussiez dit deux gouffres à ce point impénétrables, que vous auriez douté si vous en distinguiez le fond, ou s'il n'y avait pas encore plus loin quelque chose de caché. En supposant que Jason eût pu être accessible à la crainte, il se fût épouvanté de s'attirer l'inimitié de cette princesse. En effet, avec tous ses charmes, elle pouvait devenir, au premier moment, aussi redoutable que le dragon préposé à la garde de la Toison d'or.

« Princesse », s'écria-t-il, « vous semblez, en effet, respirer la sagesse et la puissance. Mais quelle voie emploierez-vous pour m'aider comme vous me le proposez ? Seriez-vous une enchanteresse ? »

« Oui, prince », répondit-elle en souriant, « vous avez deviné juste. Je suis une enchanteresse. *Circé,* la sœur de mon père, m'a révélé sa science ; il me serait facile de vous dire, si je voulais, qui était la vieille femme au paon, à la grenade et au bâton surmonté d'une figure de coucou, que vous avez portée à travers le torrent ; vous sauriez également, si cela me plaisait, qui vous conseille par les lèvres de l'image de chêne attachée à la proue de votre galère. Vous voyez que je suis au fait de ce qui vous concerne personnellement. Applaudissez-vous de me trouver favorablement disposée envers vous, car autrement vous auriez de la peine à échapper aux étreintes mortelles du dragon.»

«Je ne me soucierais pas tant de ce dragon», répliqua Jason, «si je savais comment me tirer d'affaire avec les taureaux aux pieds et aux poumons d'airain.»

«Si vous êtes aussi brave que je le crois et que vous avez besoin de l'être, votre propre cœur vous révélera le seul moyen qu'il y ait de venir à bout d'un taureau furieux. Je vous laisse le mérite de le découvrir au moment du péril. Quant au souffle brûlant de ces animaux, je possède un baume enchanté qui vous préservera de son atteinte, et vous guérira si, par malheur, votre peau est un peu entamée.»

Et elle lui mit entre les mains un coffret d'or, en lui indiquant la manière d'appliquer la préparation parfumée qu'il contenait, et enfin en l'informant du lieu où il la rencontrerait à minuit.

«Vous n'avez qu'à ne pas manquer de courage», ajouta-t-elle, «et, avant l'aurore, les taureaux de bronze seront domptés.»

Le jeune homme l'assura que son courage ne faiblirait point. Il rejoignit alors ses camarades, leur raconta ce qui s'était passé entre la princesse et lui, et les avertit de se tenir prêts à lui prêter main-forte en cas de besoin.

A l'heure fixée, il rencontra la gracieuse Médée sur les degrés de marbre du palais de son père. Elle lui présenta un panier qui renfermait les dents du dragon, dans l'état où Cadmos les avait autrefois arrachées de la mâchoire du monstre.

Ils descendirent tous deux le perron du palais, et parvinrent, à travers les rues silencieuses de la ville, jusqu'aux prairies royales où étaient gardés les deux taureaux. La nuit resplendissait d'étoiles. Du côté de l'orient, une teinte lumineuse à l'horizon annonçait que la lune était sur le point de se montrer. Une fois entrée dans le pâturage, la princesse s'arrêta et regarda autour d'elle.

«Les voici», dit-elle, «couchés là-bas, et ruminant leurs aliments embrasés. Ce sera un spectacle fort intéressant, je vous assure, quand ils entreverront votre figure. Mon père et toute sa cour n'éprouvent pas de plus grand plaisir que d'assister à pareille scène, quand il survient un étranger qui entreprend de les soumettre au joug pour parvenir ensuite, comme vous, au but avoué de leur ambition. C'est alors un jour de réjouissance publique pour la Colchide. Quant à moi, je m'y divertis extrêmement. Vous ne pouvez vous figurer avec quelle rapidité un homme, dès qu'il est atteint de leur haleine enflammée, se trouve réduit en un tas de cendres noires.»

«Êtes-vous sûre, belle Médée, bien sûre que le baume contenu dans le coffret d'or guérit parfaitement ces terribles brûlures?»

«Si vous en doutez, si vous ressentez la moindre frayeur, vous auriez mieux fait de ne jamais voir le jour que d'avancer d'un pas vers ces animaux.» Et elle le regardait fixement en prononçant ces mots.

«Mais Jason avait à cœur de marcher résolument à sa glorieuse conquête. Je crois même pouvoir assurer positivement qu'il n'aurait pas consenti à reculer, quand il eût été certain de se voir changé en un morceau de charbon calciné ou en une poignée de cendre blanche, dès le premier pas qu'il ferait en avant.

Il laissa aller la main de Médée, et marcha hardiment dans la direction qu'elle lui avait indiquée.

A quelque distance il aperçut quatre tourbillons de vapeur montant et disparaissant avec des mouvements réguliers. L'obscurité de la nuit s'évanouissait ou s'augmentait alternativement, avec l'apparition de ces émanations enflammées. Vous comprendrez facilement que ce phénomène était causé par le souffle qui s'exhalait des quatre naseaux des taureaux de bronze, pendant qu'ils se tenaient là étendus sur l'herbe en ruminant tranquillement.

Dès les deux ou trois premiers pas que fit Jason, les quatre tourbillons s'élevèrent plus épais; sans doute le bruit de la marche du jeune prince avait frappé les oreilles des taureaux. Ils levèrent la tête pour aspirer l'air. Le héros s'avança un peu plus, et, par la direction qu'il vit prendre à la vapeur qui jaillissait à flots rougeâtres, il jugea que ces horribles créatures s'étaient levées sur leurs pieds. Alors il put distinguer des étincelles et des jets incandescents qui surgissaient avec violence. Il fait un autre pas, et soudain la prairie retentit d'un beuglement épouvantable que l'écho répète aux alentours. Leur poitrine en combustion vomit des torrents de feu dont l'éclat jette pour un moment une vive lumière sur les champs environnants. L'intrépide jeune homme fait un dernier mouvement, et, prompts comme la foudre, ils s'élancent en mugissant avec un bruit de tonnerre, et en vomissant des torrents de flammes si ardents, que tous les détails de cette scène d'horreur étaient plus vivement éclairés que par le soleil dans tout son éclat. Plus que tout autre objet, les monstres, emportés au galop de son côté, frappent les regards impassibles de Jason. Leurs pieds de bronze résonnent sur le sol, leurs queues dressées se roidissent selon l'habitude des taureaux en furie ; l'herbe est séchée instantanément comme par le contact d'un météore ; l'atmosphère est tellement embrasée qu'un arbre mort, au pied duquel se tenait Jason, brûle comme une paille légère. Quant à lui (grâce au remède magique de Médée), la flamme tourbillonne autour de son corps et ne l'atteint pas plus que s'il eût été formé d'amiante.

LOISEL R.

Encouragé en voyant qu'il n'a pas péri tout d'abord dans cette horrible conflagration, le valeureux prince attendit l'attaque des taureaux. Au moment où ceux-ci s'apprêtent à le lancer en l'air d'un coup de tête, il en saisit un par la corne et l'autre par la queue, le premier de la main droite, le second de la main gauche. Autant vaudrait dire qu'ils se trouvaient arrêtés comme dans un étau de fer.

Vous allez vous écrier, je m'y attends, qu'il devait avoir dans les bras une vigueur incroyable. Vous avez raison; mais le secret de ceci, c'est que ces taureaux de bronze étaient des créatures enchantées, et que notre brave ami avait rompu le charme en les saisissant de cette manière. Depuis cette époque, on a toujours dit des gens de courage qui savent tenir tête à de grands dangers: *Ils prennent le taureau par les cornes,* et le prendre par la queue revient à peu près au même. C'est ce que l'on appelle se dépouiller de toute crainte, et surmonter le péril en le dédaignant.

Rien ne devenait plus facile désormais que d'imposer le joug aux taureaux, et de les accoupler à la charrue qui s'était rouillée pendant de si longues années, parce qu'il ne s'était pas rencontré un homme capable d'enfoncer le soc dans le champ sacré. Jason, je suppose, avait reçu de Chiron les instructions nécessaires pour tracer un sillon: car Chiron peut-être s'attelait lui-même aux instruments aratoires. En tout cas, notre héros réussit parfaitement à défricher son terrain. La lune n'avait pas achevé le quart de son parcours, et déjà le champ labouré présentait une large surface préparée à recevoir la semence des dents de dragon. L'agriculteur improvisé les répandit à la volée, les enterra ensuite au moyen de la herse, et se retira à l'extrémité du champ, impatient d'assister à ce qui allait se passer.

«Devons-nous attendre longtemps pour la récolte?» demanda-t-il à Médée qui se tenait à ses côtés.

«Tôt ou tard, le moment ne peut manquer d'arriver. Quand les dents de dragon ont été semées, une récolte d'hommes armés ne fait jamais défaut.»

La lune était parvenue au point le plus élevé du ciel, et répandait ses rayons sur le sol fraîchement labouré; mais rien n'était encore visible. Le premier fermier venu, en le considérant, aurait affirmé qu'il fallait attendre plusieurs semaines avant que la végétation commençât à poindre hors du sol, et des mois entiers avant que le grain fût assez mûr pour tomber sous la faucille.

Sur ces entrefaites, on vit sortir de terre une multitude de petits objets qui brillaient au clair de lune comme des gouttes de rosée. Puis le champ se couvrit de fers de lances dont l'extrémité s'allongeait à vue d'œil. Enfin, ce fut une apparition générale de casques polis et étincelants ; et sous ces casques autant de figures barbues de guerriers qui, en se faisant jour, s'efforçaient de se dégager de leur prison terrestre.

Le premier regard qu'ils jetèrent sur le monde fut un regard de colère et de défi. Les cuirasses suivirent ; chaque bras droit brandissait un glaive ou une lance ; à chaque bras gauche était suspendu un bouclier. Quand cette étrange moisson de guerriers fut à moitié sortie du sol, dans leur impatience ils se donnèrent une dernière secousse et se déracinèrent. Partout où était tombée une dent de dragon, un homme armé se levait, prêt pour le combat. Les bou-

Loisel R.

cliers retentirent sous le choc des épées, et des regards féroces s'échangèrent, car ils n'étaient venus dans ce monde pourtant si beau, et par une nuit éclairée des doux rayons de la lune, que pour donner carrière à leur rage et à leurs passions tumultueuses, et reconnaître ainsi le bienfait de la vie.

Il y a eu ici-bas bien d'autres armées animées d'une férocité semblable à celle de la bande engendrée par les dents du dragon ; mais les soldats dont nous venons de parler étaient d'autant plus excusables, qu'ils n'avaient pas, eux, des femmes pour mères. Et quelle bonne fortune n'eût-ce pas été pour un grand capitaine possédé de l'idée de conquérir le monde, par exemple César ou Napoléon, de faire lever une moisson de guerriers armés de pied en cap, comme Jason le fit si aisément ?

Pendant un certain temps, ces hommes altérés de sang brandirent leurs épées, et firent résonner leurs boucliers en les frappant les uns contre les autres. Puis ils commencèrent à pousser des cris sauvages : « Montrez-nous l'ennemi ! Qu'on nous mène au combat ! La charge ! La charge ! La mort ou la victoire ! En avant, camarades !

Vaincre ou mourir!» Et une foule de semblables vociférations vides de sens, telles qu'en poussent ordinairement ceux qui se trouvent, sans savoir pourquoi sur un champ de bataille.

A la fin, le premier rang de la troupe découvrit Jason qui, en face de tant d'armes dégainées et étincelantes, avait cru sage de se mettre sur ses gardes et de tirer son glaive.

En un moment il fut désigné comme l'ennemi à combattre; et, criant d'une seule voix: «Défendons la Toison d'or!» les guerriers fondirent sur lui le fer au poing, et la lance en arrêt.

Jason, convaincu qu'il lui était impossible de résister à un bataillon aussi acharné, et n'espérant aucune chance de salut, résolut au moins de vendre chèrement sa vie et de mourir aussi vaillamment que s'il devait le jour à une dent de dragon.

Médée lui dit alors de ramasser une pierre dans le champ. «Vite, jette-la au milieu de leurs rangs», cria-t-elle. C'est le seul moyen de salut qui te reste!»

Les forcenés se trouvaient alors si rapprochés, que Jason distinguait clairement le feu de leurs regards. Il lance sa pierre, qui va tomber sur le casque du plus grand des assaillants. C'était précisément celui qui courait à la tête des autres. La pierre rejaillit du casque de cet homme sur le bouclier de son camarade, et de là sur la figure d'un troisième, qu'elle blessa entre les deux yeux. Chacun des trois croit avoir été frappé par son voisin, et les voilà aux prises ensemble, au lieu de suivre leur première impulsion. La confusion règne sur toutes les lignes. Ils se taillent, se hachent, se déchirent, s'égorgent à qui mieux mieux. Ce ne sont que bras abattus, têtes fendues, jambes séparées du tronc, enfin une foule d'exploits qui remplissent d'admiration notre heureux et intrépide spectateur.

Il ne pouvait pourtant pas s'empêcher de rire à la vue de ces êtres si pleins de vie et de vigueur, se vengeant les uns sur les autres d'une offense que lui seul avait commise. En un espace de temps d'une brièveté vraiment incroyable (presque aussi court que celui qui avait suffi pour voir naître ces déterminés combattants), il n'en demeura debout qu'un seul sur le théâtre de la mêlée. Le reste avait succombé. Les cadavres jonchaient la terre.

Quant au dernier survivant, le plus brave et

le plus vigoureux de la bande, il eut tout juste assez de force pour brandir son fer ensanglanté au-dessus de sa tête et jeter un cri d'enthousiasme: «Victoire, victoire! Gloire immortelle!»

Puis il tomba au milieu de ses frères massacrés.

Telle fut la fin de l'armée éclose des dents du dragon. Cette lutte à outrance fut la seule jouissance que ces hommes goûtèrent sur cette terre qui, je le répète, offre aux mortels tant de délices.

«Qu'ils dorment en paix au champ d'honneur», dit la princesse Médée en lançant à Jason un sourire malin. «Le monde sera toujours amplement fourni de niais semblables, combattant et expirant pour des raisons qu'ils ignorent. Ces pauvres gens s'imaginent que la postérité prendra la peine de couronner de lauriers leurs casques rouillés et défoncés. N'était-ce pas risible, prince, de voir ce drôle prétentieux crier ainsi avant de s'abattre sur le sol?»

«Ce spectacle m'a attristé, moi», répondit notre généreux ami, «et, pour vous dire la vérité, princesse, la fameuse Toison d'or ne vaut plus à mes yeux le mal qu'il faut se donner pour l'acquérir. J'en ai trop vu.»

«Vous aurez changé d'idée demain matin! Au fond, la Toison d'or n'a peut-être pas tout le mérite que vous lui attribuiez auparavant, mais enfin il n'y a rien de plus précieux dans le monde; et on veut toujours avoir quelque chose à soi, vous savez. Venez! vous avez bien travaillé cette nuit, et au jour, vous informerez le roi Aeétès que la première partie de votre tâche est accomplie.»

Conformément aux avis de Médée, Jason se présenta de bonne heure au palais du roi Aeétès. En entrant dans la salle de réception, il s'avança au pied du trône et s'inclina respectueusement.

«Tu sembles découragé, prince», observa le monarque. «Ta nuit s'est-elle passée sans sommeil? J'espère que tu as fait de plus sages réflexions, et que tu as pris la résolution de renoncer à te faire brûler en tentant de dompter mes taureaux à la poitrine d'airain?»

«Cette tentative a déjà été couronnée de succès. Puisse cette nouvelle plaire à Votre Majesté! Les taureaux ont été domptés et soumis au joug. Le champ a été labouré; j'y ai semé les dents du dragon et j'y ai ensuite promené la herse. Les guerriers armés, après leur sortie du sol, se sont livré un combat désespéré et ont succombé tous, jusqu'au dernier. Maintenant, je sollicite de Votre Majesté la faveur d'affronter le dragon, afin d'enlever la Toison d'or, et de quitter ces lieux avec mes quarante-neuf compagnons.»

Aeétès, rempli de trouble et de colère, fronça le sourcil sans répondre. Il comprenait que, profitant de la facilité qu'ont les rois de revenir sur leurs promesses, il ne devait pas lui permettre de prendre possession du précieux dépôt, dans le cas où le courage et l'habileté du jeune homme lui en fourniraient les moyens. Du moment que ce dernier avait triomphé des taureaux forgés par Héphaïstos et des dents du dragon, il devenait fort à craindre qu'il n'eût un bonheur égal dans sa lutte avec le gardien monstrueux de l'arbre sacré. Bien que d'un autre côté il se fût réjoui de voir dévorer Jason d'une seule bouchée, il se détermina, en déloyal et cruel potentat qu'il était, à ne pas s'exposer à la perte de son inestimable trésor.

« Tu ne serais jamais venu à bout de cette entreprise, traître », dit-il, « si ma fille n'eût oublié ses devoirs au point de te prêter l'assistance de ses enchantements. Si tu avais agi consciencieusement, tu ne serais, au moment où je parle, qu'un morceau de charbon calciné, ou une poignée de cendre blanche. Je te défends, sous peine de mort, d'essayer en aucune manière de prendre possession de cette relique vénérée. »

Jason prit congé du roi, le cœur attristé et plein de colère. Une seule pensée l'animait : faire appel à la bravoure des quarante-neuf Argonautes, marcher sans retard au bois consacré à Mars, égorger le dragon, s'emparer du trophée convoité, s'embarquer à bord de l'Argo, et cingler à toutes voiles vers Iolcos. Le succès de l'entreprise dépendait, il est vrai, d'une circonstance douteuse : les cinquante héros étaient-ils destinés à être engloutis vivants, les uns après les autres, et d'un seul coup, par l'abominable monstre ?

Tout en se livrant à ces réflexions, Jason descendait les marches du palais. La princesse courut après lui pour le rappeler. Ses yeux noirs brillaient d'un éclat étrange et décelaient une vaste intelligence. Jason sentait dans son regard l'astuce d'un serpent venimeux.

Malgré le service signalé qu'il en avait reçu la nuit précédente, il ne se trouvait pas trop rassuré sur la continuation de ses faveurs. Elle pouvait aussi bien le trahir avant le coucher du soleil; car vous devez savoir qu'il ne faut jamais compter sur la parole de ces magiciennes.

Cependant elle l'aborda avec un gracieux sourire: «Que dit le roi Aeétès, mon royal et généreux père? Consent-il à vous livrer l'objet de vos désirs, sans vous exposer à aucun risque, à aucun désagrément?»

«Au contraire, il est furieux de ce que j'ai dompté les taureaux d'airain et semé les dents de dragon. Il me défend de faire aucune autre tentative, et me refuse positivement ce qu'il m'avait promis, que je tue ou non le dragon.»

«C'est bien là sa volonté, et je peux te dire plus encore. Si demain, au lever du soleil, tu n'as pas quitté les bords de la Colchide, le roi médite d'incendier ta galère à cinquante rames; quant à toi et à tes quarante-neuf braves compagnons, vous serez tous passés au fil de l'épée. Mais courage encore une fois! Tu t'empareras de la Toison d'or, si mes enchantements n'ont point perdu leur puissance. Attends-moi ici une heure avant minuit.»

Au moment fixé pour ce rendez-vous, le prince Jason et la princesse Médée se glissaient, marchant côte à côte, à travers les rues de Colchos, et se dirigeaient vers le bois sacré, au centre duquel la Toison d'or était suspendue à un arbre.

Tandis qu'ils passaient par le pâturage des taureaux, ces animaux vinrent au-devant de leur vainqueur, baissant et balançant la tête. Ils allongeaient même leurs museaux, à la façon des autres bestiaux, pour se faire gratter et caresser par une main amie. Leur nature de feu était calmée, et, avec leur férocité, les deux fournaises jadis allumées dans leur poitrine s'étaient éteintes. Probablement ils trouvaient plus de volupté que jamais à brouter les tendres pousses de la plaine, à ruminer comme de bons et simples taureaux. N'était-ce pas en effet un supplice pour ces pauvres bêtes? Quand l'envie leur prenait de savourer une touffe de gazon, le souffle de leurs naseaux desséchait soudain l'herbe fraîche avant qu'elle ne pénétrât dans leur gosier. Je ne peux pas m'imaginer comment ils étaient parvenus à entretenir leur malheureuse existence. Mais depuis ce temps-là, au lieu de vomir des jets de flamme et des torrents de vapeurs sulfureuses, leur respiration était aussi parfumée que celle de la première génisse venue.

Après leur avoir doucement caressé la tête, Jason suivit Médée jusque dans le bois du dieu de la guerre. Là s'élevaient des chênes séculaires. L'ombre qu'ils projetaient était si épaisse, que les rayons de l'astre de la nuit ne parvenaient pas à percer les ténèbres éternelles de cette enceinte sacrée; seulement, çà et là, une lueur douteuse tombait sur le sol jonché de feuilles mortes, ou, d'intervalle en intervalle, le vent écartait les branchages des fourrés.

Jason profitait de cette circonstance pour ne pas oublier entièrement la couleur du firmament: car, sans cela, il aurait pu se figurer qu'il n'y avait plus de ciel au-dessus de sa tête, tant l'obscurité était complète. Après avoir marché ainsi en s'enfonçant de plus en plus dans de sombres détours, Médée lui serra la main. «Regarde là-bas; vois-tu?» lui dit-elle.

Parmi les chênes aux rameaux gigantesques et majestueux, resplendissait un foyer de lumière éclatante, bien autrement radieux qu'un reflet de la lune ; on eût plutôt dit un soleil qui se reposait dans le fond d'or d'un ciel glorieux. Le rayonnement jaillissait d'un objet suspendu à hauteur d'homme, un peu plus loin, dans l'intérieur du bois.

« Qu'est-ce » demanda Jason.

« Es-tu venu si loin à sa recherche pour ne pas reconnaître au premier coup d'œil le but de ton expédition et le terme de tes périls, quand tes yeux en demeurent éblouis ? C'est la Toison d'or. »

Jason s'avança de quelques pas et s'arrêta de nouveau, plongé dans une sorte d'extase. Quel beau spectacle ! Etincelant de sa propre clarté, il était là, ce trophée d'un prix inestimable, que tant de héros avaient aspiré à contempler. Mais les infortunés ne comptent dans la mémoire des hommes que comme des victimes d'une ambition démesurée, tombées au milieu du voyage, ou sous le souffle embrasé des taureaux d'airain.

« Quelle majesté ! quelle splendeur ! » s'écria

Jason transporté d'enthousiasme. « C'est sans doute un rayon ravi à la lumière céleste. Laissez-moi m'approcher et me charger d'un butin si glorieux. »

« Arrête ! » dit sa compagne en le retenant. As-tu donc oublié que ce trésor a son gardien ? »

Le fait est que, transporté de bonheur et près de voir ses désirs exaucés, le héros ne songeait plus au terrible dragon. Bientôt cependant une circonstance vint lui rappeler quels dangers le menaçaient de nouveau. Une antilope, trompée sans doute par cette apparition, et la prenant pour le lever du soleil, vint à passer en bondissant à travers le bois. Elle s'élança comme un trait vers le foyer lumineux. Au même instant, un sifflement effroyable fendit les airs. Le dragon déroule du tronc d'arbre, autour duquel il était replié, ses anneaux couverts d'écailles, allonge une tête immense, et l'antilope disparaît en un clin d'œil dans ses horribles mâchoires.

Le monstre alors sembla se douter que quelque autre créature vivante se trouvait à sa portée. Cette faible proie excitait probablement sa voracité. Il allongeait de tous côtés sa tête hideuse, donnant à son cou un développement épouvantable, flairant çà et là entre les arbres, et même près du chêne derrière lequel Jason et la magicienne se tenaient cachés. Vous me croirez aisément : quand cette tête vint, en se balançant et en ondulant sur son long cou, presque à une longueur de bras de l'endroit où se blotissait le prince, ce devait être un spectacle à faire frissonner. La gueule ouverte du monstre présentait une ouverture pour le moins aussi large que la porte du palais d'Aeétès.

« Eh bien ! mon ami », murmura Médée (car c'était une nature perverse, comme le sont toutes les enchanteresses, et elle cherchait à épouvanter le héros), « que pensez-vous maintenant de ce qui vous reste à faire pour enlever la Toison d'or ? »

Celui-ci, pour toute réponse, tira son glaive, et il allait se précipiter en avant.

« Demeurez ! vous êtes fou ! » dit-elle en lui saisissant le bras. « Ne comprenez-vous pas que vous vous perdez sans mon secours, et que je suis votre bon génie ? Vous voyez cette cassette d'or ; elle contient une potion magique qui arrêtera le dragon beaucoup mieux que votre épée. »

LOISEL R

L'attentif et terrible gardien avait probablement entendu leurs paroles : car, avec la rapidité de l'éclair, sa tête noire et sa langue fourchue s'allongèrent d'une quarantaine de pieds. Au moment où cette gueule béante va presque les effleurer, Médée jette le contenu de la cassette d'or dans l'horrible gosier. Soudain la gorge du monstre se contracte et se replie en lançant un sifflement effroyable ; sa queue se tortille jusqu'au sommet de l'arbre le plus élevé, et fait voler en éclats toutes les branches en se déroulant jusqu'à terre, où il tombe lui-même et demeure inanimé.

« Ce n'est qu'un narcotique violent », dit la magicienne à son protégé. « On a toujours besoin, dans un temps ou dans un autre, de ces créatures nuisibles. Pour ce motif, je n'ai pas voulu le tuer du coup. Hâtez-vous, saisissez votre butin, et partons immédiatement. Vous avez achevé votre conquête. »

Jason détacha la toison de l'arbre. Tandis qu'ils traversaient à grands pas le bois, les ténèbres disparaissaient pour faire place à une illumination splendide sur le passage de sa précieuse dépouille.

A une petite distance de son chemin, il aperçut la vieille femme accompagnée de son paon, qu'il avait aidée à traverser le torrent. Elle frappa des mains en signe de joie, et, lui ayant recommandé de se dépêcher, disparut dans l'ombre des grands arbres.

Un peu plus loin, il découvrit, à quelques centaines de pieds en l'air, les deux fils ailés de l'Aquilon, qui folâtraient dans l'espace à la clarté de la lune. Jason leur fit signe de voler vers les Argonautes, car il fallait se préparer à lever l'ancre dans le plus bref délai. Mais Lyncée, avec sa vue que rien n'interceptait, avait assisté de loin à tout ce qui venait de se passer. Plusieurs murailles de pierre, une colline, les ombrages obscurs du bois consacré à *Arès,* se trouvaient cependant entre lui et la personne du triomphateur. Il avertit aussitôt ses camarades. A cette importante nouvelle, les héros accourus sur la galère s'étaient assis chacun à leur poste, tenant les rames dans une position perpendiculaire, prêts, au premier commandement, à les abaisser sur les flots.

Quand le glorieux chef de l'expédition se trouva à sa portée, la statue parlante l'appela avec un empressement inusité, mais toujours de sa voix douce et grave: «Hâte-toi, prince Jason! Il y va de tes jours... Hâte-toi!»

D'un bond le héros sauta sur le pont de l'Argo.

A la vue de la radieuse Toison d'or, les quarante-neuf illustres navigateurs poussèrent des acclamations d'enthousiasme...

Orphée saisit sa lyre, et, plus inspiré que jamais, fit entendre un magnifique chant de triomphe.

Et la galère, voguant en cadence sur la plaine liquide, se dirigea, légère comme une hirondelle, vers les rives aimées de la patrie!...

Petit lexique de la mythologie grecque

L'histoire de chaque dieu, déesse ou héros, comporte, dans la tradition grecque, plusieurs variantes. Ici, nous avons résumé les aventures de chaque personnage et avons choisi de ne raconter qu'une seule des variantes de sa légende. Le « Dictionnaire de la mythologie grecque et romaine » de Pierre Grimal aux éditions des Presses Universitaires de France reste l'ouvrage le plus documenté sur les dieux et héros grecs.

Achille fut l'un des plus célèbres héros grecs puisque l'Iliade est le récit de sa colère, colère qui faillit compromettre la victoire des Grecs sur les Troyens. Par son père, Pélée, roi en Thessalie, il descendait directement de Zeus. Sa mère, Thétis, était fille de l'Océan. Achille fut élevé par Chiron. D'après l'Iliade (d'autres versions existent) Nestor, Ulysse et Patrocle vinrent en Thessalie lui demander de participer à la guerre de Troie. Les légendes sur la fin de la vie d'Achille sont innombrables. Beaucoup le font mourir en combattant les Troyens, tué par une flèche de Paris qui l'aurait atteint au seul endroit vulnérable de son corps: son talon.

Aeétès, roi de Colchide, possédait la Toison d'or. Il avait promis la Toison à Jason à condition qu'il dompte deux taureaux monstrueux. Quand Jason réussit à maîtriser les taureaux, Aeétès manqua à sa parole et lui refusa la Toison. Jason s'en empara de force et s'enfuit avec Médée, la fille d'Aeétès, qui partit à leur poursuite. Mais Médée avait emmené avec elle Apsyrtos, son frère, qu'elle tua et dont elle déchira les membres. Elle les éparpilla dans la mer et Aeétès, en les recueillant, se laissa distancer. Découragé, il abandonna sa poursuite.

Aeson était le demi-frère de Pélias et le père de Jason. Pélias le dépouilla du royaume de Iolcos. Quand Jason partit conquérir la Toison d'or, le bruit courut que les Argonautes avaient péri et Pélias, ne craignant plus rien, voulut tuer Aeson. Celui-ci demanda comme faveur de choisir son genre de mort et s'empoisonna avec du sang de taureau.

Aquilon était le vent du Nord, froid et violent, rapide comme l'aigle.

Arès. Dieu de la guerre et de la lutte.

Argo était la galère qui pouvait contenir cinquante rameurs que Jason fit construire pour aller conquérir la Toison d'or.

Argus construisit le navire des Argonautes à Pagasae, en Thessalie ; selon certaines versions, la déesse Athéna elle-même l'aida.

Asclépios, le héros et le dieu de la médecine était le fils d'Apollon et d'une mortelle, Coronis. Son père le confia au centaure Chiron qui lui apprit la médecine et bientôt Asclépios devint très habile dans cet art. Il découvrit même le moyen de ressusciter les morts. Zeus, devant ces résurrections, craignit qu'Asclépios ne bouleverse l'ordre du monde et le foudroya. Après sa mort, Asclépios fut transformé en constellation et devint le Serpentaire. Le culte d'Asclépios se fixa surtout à Epidaure, dans le Péloponèse, où se développa une véritable école de médecine. Les attributs d'Asclépios, des serpents enroulés autour d'un bâton, sont toujours les emblèmes de la médecine.

Atalante. Comme son père, Schoenée, ne voulait que des garçons, il avait exposé Atalante bébé sur le mont Parthénion. Une ourse l'avait nourrie jusqu'au jour où des chasseurs l'avaient recueillie. Atalante ne voulait pas se marier. Pour éloigner ses prétendants, elle avait annoncé qu'elle n'épouserait que l'homme capable de la vaincre à la course. Or Atalante, très légère, courait très vite. On dit qu'elle commençait par donner une légère avance à son concurrent, puis le poursuivait, armée d'une lance dont elle le perçait quand elle le rejoignait. Beaucoup de jeunes gens avaient ainsi été tués jusqu'au jour où elle tomba amoureuse du nouveau prétendant, Hyppoménès, qu'elle laissa donc gagner. Atalante participa à l'expédition des Argonautes.

Briarée était l'un des trois hécatonchires, c'est-à-dire des trois géants à cent bras et cinquante têtes.

Cadmos était le fils d'Agénor et de Téléphassa et le frère d'Europe. C'est lui qui fonda Thèbes. Quand il arriva sur l'emplacement de Thèbes, il voulut offrir un sacrifice à Athéna. Pour cela, il envoya ses compagnons chercher de l'eau à une source voisine, mais un dragon gardait la source et tua la plupart d'entre eux. Cadmos vint alors à leur secours et tua le dragon. La déesse Athéna lui conseilla de semer les dents de l'animal. Ce que fit Cadmos, et, aussitôt sortirent de terre, des hommes armés et menaçants. Cadmos imagina alors de lancer des pierres au milieu d'eux. Les hommes armés, ne sachant qui les frappait, se massacrèrent entre eux. Après cette aventure Cadmos expia pendant huit ans le meurtre du dragon, puis devint roi de Thèbes.

Castor et Pollux étaient les fils de Zeus et de Léda. Pour séduire Léda, Zeus s'était transformé en cygne et les jumeaux Castor et Pollux naquirent d'un œuf sur la montagne de Sparte. Ils participèrent à la conquête de la Toison d'or puis, de retour, ils allèrent voler du bétail en Arcadie avec leurs cousins Idas et Lyncée. Au moment de partager le butin, ils se disputèrent. Castor fut tué par Idas tandis que Pollux tuait Lyncée. Zeus tua Idas d'un coup de foudre et enleva Pollux au ciel. Mais Pollux ne voulut pas accepter l'immortalité tant que son frère restait aux enfers. Zeus leur permit alors de demeurer chacun un jour sur deux parmi les dieux.

Chimère. C'était un animal fabuleux, qui soufflait des flammes et dévorait des êtres humains. Tantôt elle avait un arrière-train de serpent et une tête de lion sur un corps de chèvre, tantôt elle avait plusieurs têtes, une de chèvre, une de lion.

Chiron était le plus sage des centaures, ces créatures mi-homme, mi-cheval. Fils de Cronos et d'une fille de l'Océan, il vivait sur le mont Pélion, en Thessalie dans une grotte. Très ami des hommes, il éleva Achille, Jason et Asclépios. Il enseignait la musi-

que, l'art de la guerre, la chasse, la morale et la médecine. Car Chiron était célèbre médecin et savant chirurgien. Quand Achille, enfant, avait eu le talon brûlé à la suite des opérations de magie de sa mère, c'est Chiron qui avait remplacé l'os manquant par un os prélevé sur le squelette d'un géant.
Lors du massacre des centaures par Héraclès, Chiron fut blessé au genou par une flèche d'Héraclès. La plaie de Chiron était incurable et il voulut mourir, mais étant immortel, il ne le pouvait pas. Prométhée, mortel, lui céda son droit à la mort et Chiron put mourir.

Circé était la fille du Soleil et de Perseis et la sœur d'Aeétès, roi de Colchide et donc la tante de Médée. Elle était magicienne et transforma les compagnons d'Ulysse en porcs, lions, chiens, etc... Dans la légende des Argonautes elle intervint pendant le voyage du retour quand le bateau aborda à l'île d'Aea où elle habitait. Médée fut reçue par sa tante qui la purifia ainsi que Jason du meurtre d'Apsyrtos. (voir Aeétès).

Cyzicos était un roi de la Cyzique, au bord de la mer de Marmara. Cyzicos accueillit les Argonautes avec bienveillance puis, selon une version différente de celle d'Hawthorne, quand ils mirent à la voile, ils furent repoussés contre leur gré sur la côte. Les sujets de Cyzicos s'imaginèrent attaqués par des pirates et combattirent les Argonautes. Cyzicos fut tué dans la mêlée par Jason. Le lendemain, tout le monde s'aperçut de l'erreur commise et les Argonautes firent de grandes funérailles au roi.

Dodone, ancienne ville d'Epire, au Nord-Ouest de la Grèce, joua un rôle important dans les affaires grecques grâce à son oracle de Zeus et de Dioné, l'un des plus anciens de la Grèce. Les prêtres et les prêtresses rendaient la réponse des dieux en interprétant le bruissement du feuillage des chênes sacrés ou le vol des colombes.

Héllé était la sœur de Phrixos. Avec Phrixos, elle s'enfuit sur le bélier volant qui devait les sauver de la haine de leur belle-mère. Mais Hellé tomba dans la mer, dans le détroit appelé à cause de celà Hellespont (la mer d'Hellé, aujourd'hui mer de Marmara). Une autre légende raconte qu'elle ne se noya pas, mais fut sauvée par Poséidon qui l'aima.

Héphaïstos était le dieu du feu. Né boiteux, sa mère honteuse voulut le cacher aux autres dieux et le lança du haut de l'Olympe. Il atterrit dans l'océan où Téthys et Eurynomé lui sauvèrent la vie et l'élevèrent pendant neuf ans dans une grotte sous-marine. Pour se venger de sa mère, Héphaïstos fabriqua secrètement un trône d'or dans lequel des chaînes enserraient quiconque s'y asseyait. Il l'envoya à sa mère qui s'y assit et fut ainsi attachée. Personne ne pouvait la délivrer sauf Héphaïstos qui connaissait le secret. Dionysos vint le chercher et pour le convaincre, l'enivra. Héphaïstos fit son entrée dans l'Olympe monté sur un âne, et détacha sa mère. Héphaïstos était le dieu de la métallurgie. Les volcans étaient ses ateliers. C'est lui qui forgea les armes d'Achille, et aussi les taureaux d'airain d'Aeétès.

Héraclès, personnification de la force, est le fils d'Alcmène et de Zeus. La déesse Héra, l'une des épouses de Zeus, fut jalouse d'Alcmène et furieuse de la naissance d'Héraclès. Une nuit, elle envoya dans la chambre d'Héraclès et de son frère deux énormes serpents qui s'enroulèrent autour des enfants. Héraclès saisit les animaux à la gorge et les étouffa. Adulte, il épousa la fille du roi de Thèbes et eut beaucoup d'enfants, mais Héra, le poursuivant toujours, lui envoya un accès de folie et il tua ses enfants. Pour expier ce crime il dut se mettre au service de son cousin Eurysthée, roi de Thèbes, qui lui imposa une série d'épreuves que l'on appelle les douze travaux d'Héraclès.

Iolcos, en Thessalie, au nord de la Grèce, ville natale de Jason.

Jason. Après la conquête de la Toison d'or, Jason épousa Médée comme il le lui avait promis en remerciement de son aide. Ils revinrent à Iolcos et Médée fit tuer Pélias par ses propres filles (voir Pélias). Après ce meurtre, Médée et Jason furent chassés d'Iolcos et partirent pour Corinthe. Là ils vécurent heureux pendant dix ans, puis Jason se lassa de Médée, et se fiança avec Glaucé, la fille du roi Créon. Médée, furieuse, envoya en cadeau à Glaucé une robe nuptiale imprégnée de poison. Glaucé mourut et Jason revint à Iolcos où il finit par régner.

Lyncée était célèbre parmi les Argonautes pour sa vue perçante. Il voyait, disait-on, à travers une planche de chêne.

Médée, fille du roi de Colchide, Aeétès, et petite fille du Soleil, était devenue, dans la littérature grecque, le type même de la magicienne. C'est elle qui donna à Jason l'onguent qui le protégea des brûlures de taureau. Une fois la Toison d'or conquise, Médée s'enfuit avec Jason et les Argonautes. Elle fit tuer le roi Pélias par les propres filles de celui-ci (voir Pélias). Après ce meurtre, Médée fut chassée du royaume par le fils de Pélias et partit avec Jason à Corinthe. Là, dix ans plus tard, Jason voulut épouser la fille du roi Créon, mais Médée empoisonna sa rivale. Après ce deuxième crime, Médée s'enfuit à Athènes où elle épousa Egée. Après avoir été bannie par Thésée (voir la légende du Minotaure) Médée retourna en Colchide chez son père.

Méduse était l'une des trois Gorgones, ces monstres avec une chevelure de serpents, des dents de sangliers et des ailes d'or, qui changeaient en pierre quiconque les fixait.

Orphée, fils d'Oeagre, un dieu fleuve, et de Calliope, l'une des neuf muses, était le chanteur par excellence, le musicien, le poète. Il jouait de la lyre et de la cithare. L'épisode le plus célèbre de la vie d'Orphée fut sa descente aux Enfers pour l'amour de sa femme Eurydice.

Pélias, fils de Poséidon et d'une mortelle Tyro, demi-frère d'Aeson, avait enlevé le trône d'Iolcos à son frère Aeson et envoyé Jason conquérir la Toison d'or. Quand Jason et Médée revinrent avec la Toison, Médée persuada les filles de Pélias qu'elle pouvait rajeunir leur père. Pour prouver ses talents elle dépeça un vieux bélier et le fit bouillir dans un chaudron avec des herbes magiques. Quelques heures après, il en sortit un jeune agneau. Les filles de Pélias, convaincues, découpèrent leur père en morceaux et le firent bouillir selon les indications de Médée. Mais Pélias ne ressuscita pas: il mourut pour de bon.

Philoctète avait hérité des flèches d'Héraclès, mais Héraclès lui avait demandé de ne pas révéler le lieu de sa mort: le mont Oeta. Philoctète jura de garder le silence mais un jour, pressé de questions, il alla sur l'Oeta et frappa la terre du pied à l'endroit où Héraclès avait brûlé sur son bûcher. Il avait violé son serment et la tradition raconte qu'il fut puni par une blessure au pied pendant l'expédition contre Troie. La plaie dégageait une odeur si infecte que ses compagnons d'armes l'abandonnèrent sur l'île de Lemnos. Philoctète resta dix ans sur cette île déserte, se nourrissant d'oiseaux tués avec les flèches d'Héraclès. Cependant, au bout de dix ans, les Grecs n'avaient toujours pas pris Troie et un devin leur révéla que Troie ne pourrait être prise qu'avec les flèches d'Héraclès. Ulysse partit à Lemnos, et convainquit Philoctète de venir se battre à Troie. Après la prise de la ville, Philoctète rentra chez lui.

Poséidon était le dieu qui régnait sur la mer. Il était fils de Cronos et de Rhéa, et frère de Zeus. Il commandait aux flots, provoquait des orages, faisait jaillir des sources d'un coup de son trident. Poséidon eut de nombreuses amours et de nombreux enfants. On le représente armé d'un trident, l'arme des pêcheurs de thons, et porté sur un char traîné par des animaux monstrueux, mi-chevaux, mi-serpents.

Phinée, roi de Thrace, possédait des dons de devin. Il avait donné ses yeux en échange de la vie éternelle. Le Soleil, scandalisé de ce troc, lui avait envoyé les Harpies dont les Argonautes le délivrèrent.

Phrixos était le frère d'Hellé. Comme sa belle-mère voulait les tuer tous les deux, Zeus leur envoya un bélier ailé pour les enlever et les sauver de la mort. Contrairement à sa sœur, tombée dans la mer, Phrixos parvint en Colchide. D'après une version de la légende, il épousa Chalciopé, la fille du roi Aeétès. Phrixos sacrifia le bélier à Zeus et donna la Toison au roi Aeétès.

Thésée, le plus grand héros de l'Attique, était le fils d'Egée, le roi d'Athènes et d'Aethra, la fille du roi de Trézène. Elevé à Trézène, ce n'est qu'à 16 ans que Thésée partit pour Athènes. Son plus grand exploit fut sa victoire sur le Minotaure (voir le Minotaure, Nathaniel Hawthorne, renard poche n° 78). Après avoir tué le monstre, Thésée prit le pouvoir à Athènes. C'est lui qui fit d'Athènes une grande ville, construisit les batiments politiques essentiels et organisa, dans ses grandes lignes, la démocratie.

Tiphys fut le premier pilote du navire Argo. On lui attribuait une connaissance approfondie des vents, des astres, etc... qu'il tenait d'Athéna elle-même, mais jamais on ne le montre participant aux combats sur la terre ferme. Tiphys ne devait pas voir le terme de l'expédition. Il mourut de maladie au pays des Mariandynes sur les bords du Pont-Euxin. Il eut pour successeur au gouvernail, Ancée.

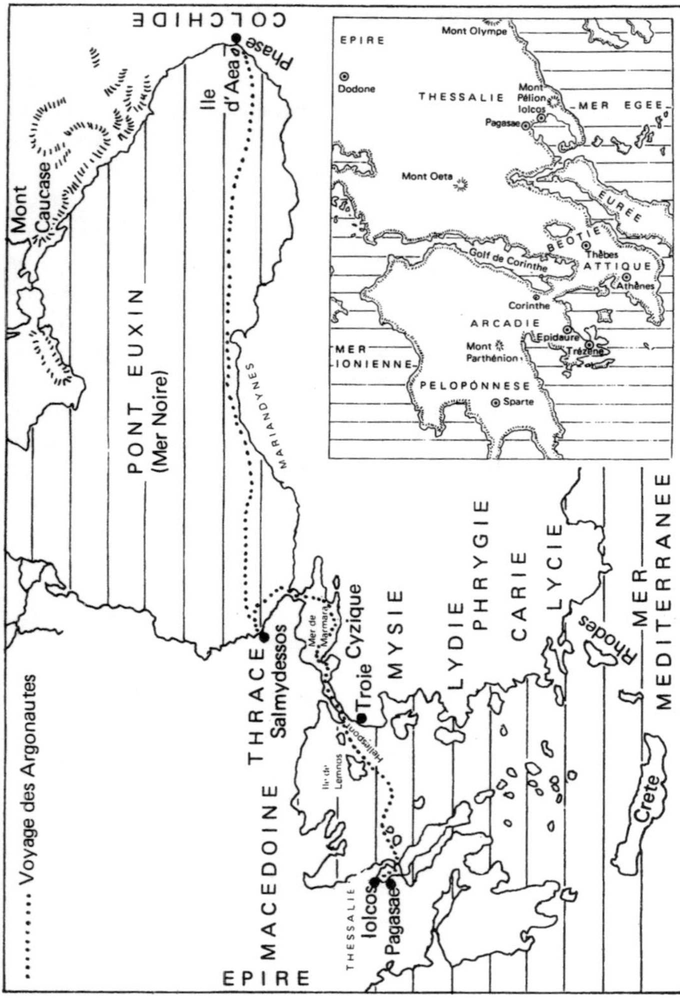

Voyage des Argonautes
COLCHIDE
Phase
Ile d'Aea
Mont Caucase
PONT EUXIN (Mer Noire)
MARIANDYNES
THRACE
Salmydessos
Mer de Marmara
Cyzique
Troie
Hellespont
Ile de Lemnos
MACEDOINE
THESSALIE
Iolcos
Pagasae
EPIRE
MYSIE
LYDIE
PHRYGIE
CARIE
LYCIE
Rhodes
Crete
MER MEDITERRANEE
EPIRE
Mont Olympe
Dodone
THESSALIE
Mont Pélion
Iolcos
Pagasae
MER EGEE
Mont Oeta
EUBEE
BEOTIE
Thèbes
Golf de Corinthe
ATTIQUE
Athènes
Corinthe
ARCADIE
Epidaure
Trézène
MER IONIENNE
Mont Parthénion
PELOPONNESE
Sparte